AF563072

RÉUNION GÉNÉRALE

DU COMITÉ

DE L'UNION CATHOLIQUE

DE LA GIRONDE

du 12 décembre 1872

DISCOURS DE M. MÉRAN

BORDEAUX
IMPRIMERIE DE J. DELMAS
Rue Sainte-Catherine, 139

1873

LETTRE

DE SON ÉMINENCE LE CARDINAL-ARCHEVÊQUE DE BORDEAUX

A M. MÉRAN

ARCHEVÊCHÉ
de
BORDEAUX

Bordeaux, le 19 décembre 1872.

MONSIEUR,

J'aurais été heureux d'entendre les excellentes paroles que vous avez adressées à l'Assemblée générale de l'Union catholique, et de joindre mes plus chaleureux applaudissements à tous ceux qui ont accueilli vos réflexions si judicieuses et vos vœux pour la régénération par la foi de notre infortuné pays.

Privé d'assister à cette soirée, je n'ai eu connaissance du discours que vous y avez prononcé, que par les feuilles publiques ; je n'en ai peut-être que mieux apprécié, à la lecture, et le fond si plein des enseignements de l'histoire, et la forme à la fois simple et d'une charmante distinction.

Je ne veux pas tarder plus longtemps à vous dire ma vive satisfaction pour le plaisir qu'il m'a procuré, ou plutôt combien je partage toutes vos pensées, tous vos regrets sur l'affaiblissement des sentiments religieux, et vos espérances si les hommes de cœur reviennent à Dieu, au Dieu de nos pères.

Vous avez touché d'une main délicate à bien des questions, et vous n'avez pas craint, tout en ne blessant personne, d'affirmer que la paix, l'ordre et la liberté étaient essentiellement liés à la restauration des mœurs vraiment chrétiennes dans notre société, si grande autrefois, et aujourd'hui en ruines. Ce langage élevé, ces convictions dont l'accent ému a remué tous vos auditeurs, trouveront-ils, dans notre cité bordelaise, l'écho et le retentissement désirés? Je le demande à Celui dont la pensée vous a si heureusement inspiré ce soir-là.

Agréez, Monsieur, avec l'assurance de ma complète approbation de tout ce que vous avez proclamé de salutaires vérités en cette circonstance, mes sentiments les plus distingués.

† FERDINAND, cardinal DONNET,
archevêque de Bordeaux.

RÉUNION GÉNÉRALE

DU COMITÉ

DE L'UNION CATHOLIQUE

DE LA GIRONDE

du 12 décembre 1872

DISCOURS DE M. MÉRAN

MESSIEURS,

La fondation des Comités catholiques date de nos derniers désastres.

En voyant notre malheureuse patrie envahie par l'étranger, ses campagnes ravagées, ses villes incendiées, ses vaillantes armées décimées et prisonnières, des hommes qui avaient la foi chrétienne ont tourné leurs regards vers Celui qui « *tour à tour instruit, soutient, relève, quand il lui plaît, les nations qui ont failli,* » et ils se sont assemblés pour unir leurs prières et pour ramener la France vers ce Dieu tout-puissant et protecteur qu'elle avait méconnu.

Agir ainsi, c'était simplement se souvenir de notre histoire et de la protection que Dieu avait si visiblement accordée pendant une série de siècles à la France catholique.

L'histoire de la France est, en effet, si intimement liée au catholicisme, que l'on ne peut l'en séparer sans méconnaître les principaux éléments de son développement et de sa grandeur.

C'est une étude et une démonstration qu'il n'est assurément pas possible de faire dans cette réunion.

Je ne veux que citer ici et rapidement les traits éclatants de la protection divine envers notre patrie.

C'est au Ve siècle, le Dieu de Clotilde invoqué à Tolbiac par Clovis, qui visiblement ramène la victoire sous ses drapeaux et disperse les armées allemandes.

C'est au nom du Dieu des catholiques que Charlemagne au VIIIe siècle soumet l'Occident. Le monde entier entend ces paroles trois fois répétées par le clergé, les grands et le peuple, au moment où le pape Léon III posait la couronne sur la tête du nouvel empereur : « Victoire et longue » vie à Charles-Auguste, grand et paisible empereur des » Romains, couronné de Dieu; » et le monde entier se prosterne devant celui que Dieu couronnait ainsi, et qui joignait plus tard à la gloire des armes, la gloire de défendre par ses propres écrits, contre les hérésies d'Urgel, la doctrine catholique.

Saint Louis au XIIIe siècle n'entreprend et n'accomplit les grandes choses de son règne qu'au nom de notre Dieu, et l'univers est étonné des prodiges qui s'accomplissent sous l'inspiration de la foi.

Quand la France va succomber au XVe siècle, une pauvre fille, une bergère, quitte le village de Domrémy, devient un chef d'armée redouté, chasse les étrangers, et sauve le roi de France.

De l'art de la guerre, pourtant, elle n'a rien appris ; Jeanne d'Arc ne sait rien, sinon qu'elle obéit à Dieu.

Et toujours et partout, c'est ce Dieu qui bénit nos drapeaux, soit que les chefs s'appellent Clovis, Charlemagne, saint Louis, Jeanne d'Arc, et plus tard Turenne, Condé ou Napoléon.

Lorsque la France succombait, il était donc bien naturel que des cœurs français s'élevassent vers Lui, en disant : « Seigneur, Seigneur, prenez-nous en miséricorde, nous » reviendrons vers vous. »

Car, en même temps que ces malheurs nous accablaient, une croisade antireligieuse était prêchée, on dévastait nos églises, et déjà coulait le sang de nos martyrs. — Une fois encore le catholicisme, lumière de la France, menaçait de disparaître.

Or, vous savez ce qu'est devenue notre France lorsque en 93 elle renia Dieu, lorsqu'elle persécuta nos prêtres et brisa nos autels. Une nuit profonde envahit notre patrie, tous les crimes purent s'y commettre impunément, audacieusement, parce qu'on perdit les notions du bien et du mal en même temps qu'on perdit la notion de Dieu. On les perdit à ce point que sur un autel relevé on fit monter une prostituée et que cette prostituée on l'appela la Raison, prouvant ainsi, sans qu'on s'en doutât, où aboutit l'intelligence humaine quand elle se sépare de Dieu. (Applaudissements.)

C'est le retour possible de pareils malheurs que les comités catholiques ont voulu prévenir, en appelant à eux tous ceux qui aiment leur patrie et leur Dieu.

En entreprenant cette œuvre, ils sont les interprètes et les missionnaires de la France, car la vraie France, même après nos révolutions, est restée profondément catholique.

Je n'en voudrais pour preuve que la conduite tenue par tous ceux qui, après chaque révolution, ont voulu s'emparer du pouvoir : tous ils ont commencé par se concilier les catholiques.

Je n'examine pas ce qu'ils ont fait après qu'ils ont été maîtres du pouvoir, cela nous jetterait dans la politique, et nous savons qu'elle doit être bannie de cette enceinte ; mais je les étudie seulement à ce moment où ils ambitionnent le pouvoir et s'en saisissent.

Napoléon Ier relève les autels, rétablit le culte, rappelle de l'exil tous les prêtres, fait venir à lui tous les prélats lumière de l'Église : il rassure ainsi la France et s'en empare.

Aucun de nous n'a oublié les déclarations de Napoléon III après son avénement au trône et ses avances aux catholiques.

M. Thiers lui-même, alors que dans l'opposition il pouvait

prévoir qu'un jour les circonstances lui permettraient de devenir le chef de la nation, s'est attaché à l'avance à rassurer les catholiques et à leur donner des gages, et nul n'a parlé en termes plus touchants et plus élevés et de notre religion, et de notre culte, et de l'auguste pontife, chef révéré de notre Église.

Laissez-moi vous citer quelques fragments de cet admirable discours, prononcé le 13 avril 1865, à la séance du Corps législatif.

« Pendant une longue suite de siècles l'Église catholique » a dominé, possédé même la société européenne, et il y » avait de cela dans le passé des raisons profondes. Lors- » que la vieille Rome tomba vaincue et toute sanglante aux » pieds des barbares, l'Église romaine recueillit l'esprit » humain comme un pauvre enfant abandonné que dans le » sac d'une ville on trouve expirant sur le sein de sa mère » égorgée; elle le recueillit, elle le cacha dans ces asiles » dont notre siècle a tant aimé l'architecture mystérieuse » et hardie. Là elle le nourrit des lettres grecques et lati- » nes, elle lui enseigna tout ce qu'elle savait, et personne » alors ne savait davantage. »

Puis, après avoir montré la grandeur du culte catholique, ce vieux culte de notre patrie, il dit plus loin : « Le » monde sourira, oui, il sourira quand il entendra poser » la question de savoir si c'est un intérêt de la grandeur » française que d'abandonner la cause du catholicisme.

» Toutes les nations les plus noblement ambitieuses se » sont fait un devoir de protéger le culte national, et elles » ont toutes cherché à se faire de leurs coreligionnaires » une clientèle politique.... Eh bien! convient-il à la France » de désaffectionner les catholiques des deux Amériques, » les catholiques d'Orient, pour lesquels on a fait l'expédi- » tion de Syrie, les catholiques d'Espagne, les catholiques » d'Italie, les catholiques d'Allemagne, les catholiques des » bords du Rhin? Je pose la question; le monde y a déjà » répondu. »

Et plus loin : « Quand on aura couronné la révolution » qui se prépare en Italie, on fera descendre le Pape du » trône pontifical, et alors l'autorité centrale de l'Église » universelle sera brisée... Selon moi, quand le Pape sera » descendu du trône, il ne sera plus libre. Plus j'y pense, » plus je reste convaincu que nous ne faisons pas une chose » bonne pour la France en élevant d'un côté une nation » de vingt-six millions d'hommes, qui probablement un » jour donnera la main à une autre nation de quarante » millions d'hommes formée d'un autre côté par-delà les » bords du Rhin, pour laquelle elle aura été un exemple, » un argument, peut-être un secours.

» Plus j'y pense, et plus je suis convaincu que nous ne » ferons pas une chose bonne pour la France en détachant » à jamais les catholiques de sa cause; plus j'y pense et » plus je me dis que nous ne ferons pas une chose utile à nos » principes, en brisant l'autorité universelle de l'Église. »

Voilà le langage qu'on tient quand on aspire à gouverner la France, et vous savez tous comme moi combien ce langage a contribué à rallier la France à M. Thiers.

Donc la France, la vraie France est catholique, puisque ainsi pour s'emparer d'elle, on lui tient ce langage.

Mais si la France est catholique, si ses destinées et sa grandeur sont si intimement liées au catholicisme, d'où viennent donc ces attaques ardentes, passionnées auxquelles est en butte le catholicisme?...

Les guerres de religion ont cessé, l'esprit de tolérance a pénétré les diverses communions religieuses, les attaques ne nous viennent, on peut le dire, surtout dans les temps actuels, ni du judaïsme, ni du protestantisme. Eux aussi, ils se sentent menacés par les ennemis qui nous poursuivent.

Ces ennemis, ils ont pris le nom de *libres-penseurs;* c'est au nom de la libre-pensée qu'on veut détruire le catholicisme et y substituer l'athéisme et le matérialisme.

On est *libre-penseur* si on nie Dieu, la révélation, la vie future; nul catholique n'est *libre-penseur*.

Jamais, Messieurs, on n'a fait un plus coupable abus de mots, et jamais revendication de la liberté de l'âme humaine n'a été plus mal fondée, je dirais presque plus frauduleuse.

Je dois vous avouer, Messieurs, que j'ai toujours eu la prétention d'être un libre-penseur. Personne, je crois, plus que le catholique, quand il a derrière lui tant d'illustres docteurs, tant de savants philosophes, tant de profonds théologiens, n'a le droit de se dire libre-penseur.

C'étaient, en effet, des âmes fières et des libres-penseurs que les saint Paul, les saint Ambroise, les saint Grégoire, les saint Chrysostome, les saint Augustin et tant d'autres, et aussi les Bossuet, les Fénelon, les Bourdaloue, les Pascal, et Descartes, qu'on a appelé l'émancipateur de l'esprit humain, catholique aussi sincère que savant philosophe.

Mais les libres-penseurs de notre époque ne l'entendent pas ainsi; on est libre-penseur si l'on dit avec M. Renan, copiant Hégel, *Dieu n'est pas encore complet, il est en train de se faire. Deus est in fieri.*

Et on n'est pas libre-penseur si on dit avec saint Augustin :

« J'ai interrogé la terre, et elle m'a dit : Je ne suis pas Dieu; et tout ce qu'elle porte m'a fait ce même aveu.

» J'ai interrogé la mer et les abîmes et les êtres animés qui glissent sous les eaux, et ils ont répondu : Nous ne sommes pas ton Dieu, cherche au-dessus de nous. J'ai interrogé les vents et l'air avec ses habitants, on m'a dit de toutes parts : Anaximènes se trompe, je ne suis pas Dieu. J'ai interrogé le soleil, la lune, les étoiles, et ils me répondent : Nous ne sommes pas non plus le Dieu que tu cherches; et je dis enfin à tous les objets qui se pressent aux portes de mes sens : Parlez-moi de mon Dieu puisque vous ne l'êtes pas, dites-moi de lui quelque chose; et ils me crient d'une voix éclante : C'est lui qui nous a faits. »

Et si, le suivant dans sa puissante analyse psychologique, je pénètre avec lui au plus profond de mon âme, et je dis à cette âme : « Dieu est la vie même de ta vie : *Deus au-* » *tem tuus etiam tibi vitæ vita est* »..., je ne suis pas libre-penseur !

Pour être un libre-penseur, il faut dire encore avec M. Renan, parlant de la vie future : « *Dans des millions* » *de siècles, le progrès amènera peut-être la conscience ab-* » *solue de l'univers, et dans cette conscience le réveil de ce* » *qui a vécu.* »

Si, au lieu de cette logomachie, je crois aux promesses de Jésus, à la distinction de l'âme et du corps, à la persistance de la personnalité de l'âme après sa séparation du corps et à sa vie immortelle..., je ne suis pas un libre-penseur !

Ainsi donc, c'est dans l'incrédulité que consiste aujourd'hui la liberté de la pensée, ou plutôt dans la croyance au dogme de la raison infaillible.

Et si, pénétrant dans les livres des philosophes et dans les événements de la vie humaine, j'y trouve à chaque pas les preuves manifestes des limites de ma raison et de sa faiblesse ; et si, consultant les livres saints et les livres profanes contenant l'histoire du monde, j'y trouve la preuve de l'intervention divine et si je me prosterne et si j'adore Dieu, et si je crois aux vérités éternelles..., je ne suis pas un libre-penseur !

Quelles étranges prétentions !... Eh bien ! je proclame et je soutiens, moi, que tout catholique peut dans la pleine liberté de sa pensée dire au contraire : Je crois à Dieu, je crois au Christ rédempteur du monde, je crois en son Église représentée par l'auguste pontife successeur de saint Pierre.

Je sais bien que les libres-penseurs accusent les catholiques de superstition ; les pèlerinages et les miracles prêtent à leurs railleries et à leurs insultes, mais je connais depuis longtemps les libres-penseurs et leur force d'âme à cet égard. Sous l'ancienne Rome, ils s'appelaient Pline, Lucain et Tacite : le premier croyait aux sorciers et aux revenants, le second allait consulter sa vieille Thessalienne édentée, et le troisième s'inclinait devant les songes et les présages.

Quoi qu'il en soit, ce sont ces nouveaux sectaires qui veulent s'emparer de notre société française, de notre France catholique.

Pour y parvenir, ils demandent et ils prétendent que nous leur livrions nos enfants.

Sous Julien l'Apostat, un édit défendit aux chrétiens d'enseigner les lettres et l'art oratoire; sous le règne des libres-penseurs, ce sera mieux : il sera défendu à nos prêtres et à nos religieux d'élever et d'instruire l'enfance. Il faut que l'instruction soit laïque, exclusivement laïque : c'est le mot d'ordre.

Il faut prendre les générations à leur naissance et tuer en elles toute idée de Dieu, toute religion. C'est le danger qui nous menace et contre lequel nous ne saurions trop nous prémunir.

Notre droit incontestable, c'est d'élever nos enfants et de choisir leur instituteur. Nous ne réclamons pour les catholiques aucun privilége, nous réclamons la liberté. Que les écoles laïques se fondent, soit; et, afin que personne ne soit trompé, qu'on écrive au-dessus des portes extérieures de ces écoles : « Ici les enfants ne prient jamais Dieu. » — Nous, nous écrirons au-dessus des portes des nôtres : « Ici les enfants apprennent à prier Dieu. » Et les pères de famille choisiront. (Applaudissements.)

Mais bannir les prêtres et les religieux de l'enseignement, mais faire des lois exigeant des écoles exclusivement laïques, c'est là ce que personne ne saurait admettre. Qui demande cela d'abord?... Les protestants?... Point. Les israélites?... Point. C'est alors ceux qui n'appartiennent à aucune religion qui veulent imposer à trente-six millions de catholiques de pareilles lois.

Leur but évident c'est donc de détruire la religion.

Et lorsque voulant s'emparer des écoles primaires et

même des salles d'asile, ils protestent contre toute pensée antireligieuse, disant que les familles et les prêtres apprendront aux enfants en-dehors de l'école, les vérités religieuses, ils ne sont pas sincères.

Quand donc dans une famille d'ouvriers où le père et la mère entrent le soir accablés des fatigues de la journée et partent dès le lever du soleil pour reprendre leur travail, quand donc se trouvera le moment pour apprendre à l'enfant à prier Dieu ?

Et le prêtre, quand pénétrera-t-il dans l'école? et quand aura-t-il l'enfant pour l'initier aux pratiques religieuses ?

Non, la vérité est qu'on veut une éducation et une instruction sans Dieu.

C'est l'athéisme et le matérialisme qui veulent élever les générations nouvelles, et ils ne veulent pas que l'enfant apprenne à prier. Ah ! pour moi, rien ne m'apparaît aussi triste, aussi désolé, aussi désespéré qu'un pays où l'enfance ne prierait pas.....

Et ce serait dans notre France catholique que ce spectacle serait donné à l'univers entier !... Il ne faut pas qu'il en soit ainsi. Il faut revendiquer nos droits, et au nom de la liberté, puisqu'on parle tant de liberté, il faut faire triompher ces droits. Il y a trente-cinq millions de catholiques en France, notre religion est la religion nationale, notre culte est le culte national, nous avons le devoir d'exiger que la loi tienne compte de nos droits. (Applaudissements.)

Il ne faut pas s'y tromper, Messieurs, cette main-mise absolue de l'État sur nos enfants, c'est la dislocation de la famille chrétienne, c'est la méconnaissance du pouvoir du père et de la mère sur leurs enfants tel que l'a voulu et enseigné le christianisme, c'est le retour vers un passé que nous, chrétiens, nous pouvions croire à jamais détruit.

Et ici, je voudrais pouvoir m'adresser aux mères chrétiennes et je leur dirais : « Le christianisme vous a faites ce que vous êtes dans la famille, c'est lui qui vous a faites l'égale de l'époux, c'est lui qui a relevé votre dignité, c'est à lui que vous devez d'être réellement épouses et mères. Eh bien ! c'est vous surtout que l'incrédulité menace, c'est votre autorité qu'elle veut détruire; c'est le cœur et la tendresse de vos enfants qu'elle veut vous enlever, car elle veut briser les liens sacrés qui les rattachent à votre affection, et vous les ramènent toujours soumis, fidèles, aimants.

» Par vous, en effet, les premières pensées de vos enfants se portent vers Dieu, c'est par vous qu'est versée en leurs cœurs cette semence qui prépare ces jeunes intelligences à la docilité, au respect, à l'amour des choses saines, vraies, telles que les enseigne la loi de Dieu. Et c'est sous l'influence de ce premier et salutaire enseignement que se développe envers vous cette affection si touchante et si profonde de vos enfants.

Parfois, cependant, les choses de ce monde, les événements de la vie, les passions éloignent un instant de votre foyer ces enfants, leur cœur semble se refroidir, leur affection diminuer et l'oubli envahir l'âme de ces ingrats.

» Mais voici qu'un jour un hasard, un événement inattendu, une douleur amènent un moment de réflexion dans l'âme de ce fils devenu homme, il vous revoit alors comme en un rêve, priant Dieu auprès de son berceau; il se revoit lui-même, tout enfant, à vos genoux, ses petites mains jointes répétant la prière du soir; ses yeux à ce pur et suave souvenir se mouillent de larmes, et il retrouve en son cœur tous les trésors de sa première tendresse pour vous.

» C'est Dieu qui paye sa dette; vous avez appris à ce fils à croire en Dieu, et Dieu vous le ramène. (Vive émotion, applaudissements.)

» Or, soyez-en sûres, l'instruction du libre-penseur étouffera dans l'âme de vos enfants toute notion de Dieu, et elle les enlèvera ainsi pour toujours et à votre domination et à votre tendresse.

» En perdant votre autorité et l'affection de vos enfants,

vous perdrez la place que le Christ vous a donnée dans la famille, vous serez déchues, et je ne sais quelles destinées vous réservera la société nouvelle.

» Aidez-nous donc, par l'influence que vous exercez dans vos maisons auprès de vos époux, à sauver vos enfants, à vous sauver vous-mêmes; aidez-nous à assurer à vos fils une éducation vraiment chétienne. »

Du reste, après nous avoir enlevé nos enfants, ils nous enlèveraient nos pauvres, c'est leur tendance, et partout où nous pourrions apporter une consolation et une espérance, nous serons bannis. Ils stériliseront entre nos mains la charité ; ils la rendront suspecte et tâcheront de la faire maudire ; car ils le savent, c'est en disant : « Laissez venir à moi les petits enfants, » « Les pauvres sont les amis de Dieu, et ceux qui les secourent auront la vie immortelle, » que Jésus a conquis le monde.

Je signale le danger et, au nom de notre propre sécurité, je demande à tous de nous liguer pour le conjurer; mais je le demande aussi au nom de la patrie.

Notre religion enfante l'héroïsme, je n'irai pas chercher mes exemples bien loin. Dans cette dernière guerre, guerre si désastreuse et si cruelle, qui donc a su mieux mourir que nos zouaves pontificaux? Qui donc a su mieux braver tous les dangers pour soigner nos blessés que nos frères de la doctrine chétienne et nos sœurs de charité? en qui s'est donc trouvé plus ardent que dans les cœurs de ces héros catholiques l'amour de la patrie? (Applaudissements.)

C'est aussi dans les âmes religieuses que se conserve intacte et pure la notion du droit, cette notion qu'invoque aujourd'hui la France vaincue. Ne l'oublions pas, un vainqueur impitoyable, ayant le pied sur le corps sanglant et mutilé de la France, a fait entendre ces mots qui ont eu dans le monde entier un si terrible retentissement : « *La Force prime le Droit.* »

Mais quand il a fait entendre ces paroles, ce vainqueur, il n'avait pas seulement les yeux sur la France couchée à ses pieds, il les avait aussi fixés sur Rome, où venait de s'accomplir une spoliation sacrilége, et en présence de cette couronne arrachée de la tête du chef auguste et vénéré de la chrétienté, il a pu dire en effet : « *La Force prime le Droit.* »

Paroles désolantes pour l'humanité tout entière, mais vraies, profondément vraies si Dieu n'est pas, si Dieu est banni du monde...

Sans Dieu, oui, *la force prime le droit,* le droit séparé de Dieu n'est qu'un vain mot, livré à toutes les discussions de la raison, à toutes les défaillances de la conscience humaine. Mais avec Dieu le droit apparaît vivant, ayant son initiateur dans les âmes et son protecteur dans le monde, et les triomphes qu'on obtient contre lui ne peuvent être que des triomphes passagers, et lui, LE DROIT, il reste, et sa revendication est éternellement légitime. (Vifs applaudissements.)

« Malheur à l'homme, a dit le traducteur de saint Au-
» gustin, malheur aux peuples qui n'ont plus le sentiment
» *de l'administration divine.* Ils ne savent plus lire dans
» leur vie. »

N'est-ce pas la situation de la France? Eh bien! Messieurs, reprenons le livre de notre vie, relisons-en une à une les pages, reprenons la tradition catholique, conformons-y nos œuvres, affirmons-nous hautement, et Dieu nous reviendra; et alors nous pourrons dire avec l'Écriture, regardant face à face tous les ennemis de la France :

« Si Dieu est pour nous, qui donc sera contre nous? »

Après ces paroles, l'Assemblée se lève tout entière et demande l'impression du discours.

www.ingramcontent.com/pod-product-compliance
Lightning Source LLC
LaVergne TN
LVHW010343230826
846091LV00009B/4013

9782011756459